Marianne Sock/Martina Czolgoszewski • Anmutige Katzen

Anmutige KATZEN

Marianne Sock/
Martina Czolgoszewski

Müller Rüschlikon

Einbandgestaltung: IMAGO, CH-6302 Zug

Titelbild: Marianne Sock
Inhaltsfotos: Marianne Sock

ISBN 3-275-01244-4

1. Auflage 1997

Herstellung: Hermann Lambrecht
Satz: IMAGO, CH-6302 Zug
Druck und Bindung: Fotolito Longo, I-39010 Frangart
Printed in Italy

Inhalt

Frühjahrsmüdigkeit muß doch eine reine Erfindung der Menschen sein! Draußen erwacht die Natur zu neuem Leben und jeder Winterschläfer hat nun alles mögliche im Sinn, nur keinen Schlaf! Davon hatte er ja reichlich genug. Und die Katzen entwickeln sich innerhalb weniger Tage von bislang unscheinbaren winterlichen Schlafkugeln unerwartet schnell zu Energiebomben. Von Müdigkeit keine Spur!

Als hätte sie Hummeln im Hinterteil, genießt Mieze nun die ausgiebigen Schmusestunden nur noch zerstreut, mit den Gedanken scheint sie schon im Garten auf Abenteuertour zu sein. Wo ist nur ihre Hingabe geblieben? Wo ihre Freude an den morgendlichen Zärtlichkeiten? Welche Enttäuschung, daß sie lieber auf ihrem Sonnenspähplatz sitzt als auf Frauchens Schoß! Welch ein Frust, daß sie vor ihren Mahlzeiten nicht mehr liebevoll um die Beine streicht, sondern schnurstracks zu ihrem Napf rennt! Diese plötzliche Freßlust läßt Frauchen sogar darüber nachgrübeln, welche Krankheit wohl mit übermäßiger Nahrungszufuhr verbunden sein könnte. Im stillen rechnet sie aus, in welche Höhen der neue Appetit der Katze den monatlichen Futteretat hochtreibt. «Oder war sie gar den ganzen Winter über krank, ohne daß ich es gemerkt habe?»

Während sich Frauchen mit dieser bangen Frage herumquält, sieht sie die geliebte Mieze sich an jeder Ecke reibend kreuz und quer durch die Wohnung torkeln. Und schon gerät die Katze an den Rand des Verdachts, eine heimliche Trinkerin zu sein! Und dann drängt sie nach draußen, als wäre ihr ein Rendezvous eingefallen, das sie schon vor Monaten ausgemacht hat. Sie hat Geheimnisse. Man kann es fast mit Händen greifen. Und das ist beileibe nicht bei allen Geheimnissen der Katzen so. Aber sonst gehen Katzen damit wirklich nicht so «hausieren». Da kann man ja neidisch werden!

Kann es denn wahr sein, daß ein paar warme Sonnenstrahlen eine betagt-betuliche Katze in einen Schmetterling-jagenden Springinsfeld verwandeln? Kann wirklich das bißchen laue Luft einer Katze so in den Kopf steigen, daß sie keinen Gedanken mehr an all die gemeinsamen kuscheligen Sofaabende verschwendet, sondern lieber draußen mit weiß Gott wem herumscharwenzelt? Kann es wahr sein, daß die Vögel am winterlichen Vogelhäuschen sie monatelang keinen Piep interessierten, und jetzt die Nestbauer bei jeder Gelegenheit belauert werden? Warum kann sie denn nicht wenigstens ein bißchen frühjahrsmüde sein?

Über solche Wünsche kann man mit ihr nicht reden und zwingen schon gar nicht! Eine verschlossene Ausgangstüre würde alle ihre Hoffnungen auf eine Liebelei zwischen Schneeglöckchen zunichte machen. Ein hartnäckiges und trotziges Miau öffnet ihr daher geschwind den Weg in die Freiheit, wo Mieze über einen bunten Blumenteppich wandelt und sich fühlt, als schwebe sie auf rosa Wolken. Ach die Triebe – sie kommen eben nicht nur aus der Erde! Zum Glück und Trost für Frauchen hält der frühjahrstrunkene Zustand der Mieze nicht ewig an...

Isabella Lauer

Galerie der geheimnisvollen Katzen

Ihr Zauber ist so legendär,
wie ihre übersinnliche Fähigkeit
auf Katastrophen hinzuweisen.

Galerie der neugierigen Katzen

Katzen verspüren eine immerwährende, unstillbare Lust, ihre Neugier zu befriedigen.
Vielleicht sind unsere geheimnisvollen Lebensgefährten deshalb allwissend ...zumindest geben sie uns dieses Gefühl.

Galerie der komischen Katzen

Die Komik mancher Katzen
übersteigt die eines jeden Menschen.

Galerie der lachenden Vagabunden

Man sagt, daß nur die Sphynx lächeln könnte...
da bin ich mir nicht so sicher.

Galerie der putzigen Katzen

Wo die Katze Sonne, Wärme und eine «gewisse Energie» findet, dort läßt sie sich nieder.
Zärtlich pflegt sie ihren samtweichen Pelzmantel.
Sie ist unsere Freundin und Gefährtin, und allein der Anblick dieser zeremoniellen Reinigung wird ständig unsere Gedanken beflügeln.

Katzen lieben es ja eigentlich, sich die Sonne auf den Pelz scheinen zu lassen. Aber was zuviel ist, ist zuviel! Und so passierte es, daß Katze Putzi eines knallheißen Sommertages auf ihr Frauchen zutorkelte und platsch auf den Boden fiel. Da lag sie, das Mündchen geöffnet und guckte ihr Frauchen traurig an. Dem war sofort klar, daß Putzi einen Sonnenstich hatte. Sie war ja auch stundenlang in der Hollywood-Schaukel gelegen! Dort strich der Katze zwar ein herrlicher Wind durchs Fell, doch brannte ihr dort auch die Sonne unerbittlich auf den Pelz. Kein Wunder, daß Putzi das nicht aushalten konnte! Warum hatte sie nicht gleich daran gedacht! Voller Selbstvorwürfe nahm sie Putzi auf, ging mit ihr ins kühle Bad und wickelte sie in ein feuchtes Handtuch. Dann trug sie sie in die Küche und ließ sie ausgiebig am Futternapf trinken. Aber Putzi konnte noch immer nicht stehen.

«Wir müssen zum Tierarzt. Vielleicht braucht sie irgendetwas Kreislaufstärkendes», fragte sich ihr Frauchen Martina und kramte die Transporttasche heraus. Nein, keine Plastiktasche im heißen Auto! Sie holte stattdessen einen alten, aber luftigen Rattankorb, bettete Putzi samt Handtuch hinein und fuhr los. Bei der Praxis angekommen, hatte sich Putzi bereits wieder erholt und so fuhr sie erleichtert wieder nach Hause.

Aber ab sofort war Martina vorsichtiger! Von nun an beäugte sie ihre Katzen während der heißen Tage mißtrauisch, kontrollierte, wo sie schliefen und wie lange und wie heiß es um sie herum war. Sie achtete peinlich darauf, daß alle Wassernäpfe gefüllt waren und jede Katze auch trank. Sie gab ihren drei Katzen erst abends die Hauptmahlzeit, um ihren Kreislauf zur heißesten Tageszeit nicht zu belasten, und sorgte immer für leichte Kost.

Ja und dann besprühte sie den Perserkater Caruso hin und wieder mit Wasser aus der Blumenspritze, damit er unter dem dicken Fell keinen Hitzestau bekam! Die anderen Katzen ließen sich durch Frauchens Hitzevorkehrungen wenig stören. Nur Caruso - der haßte seine Duschen. Und eines Tages erschien er nicht zum Frühstück. Sein Frauchen suchte den ganzen Vormittag. Doch vergeblich: Caruso blieb verschwunden. Und es war wieder einer dieser stickig heißen Sommertage. «Er braucht doch seine Dusche!», sorgte sich Martina. Caruso blieb unsichtbar - und das bis zum Abend! Pünktlich zum Füttertermin tauchte er dann wie aus dem Nichts in der Küche auf und tat so, als wäre nichts gewesen.

Am nächsten Morgen war er erneut verschwunden. Und wieder suchte Martina erfolglos die ganze Wohnung nach ihm ab, bis er ganz von selbst zum Abendessen auftauchte. So ging das Tag für Tag, den ganzen heißen Sommer lang. Und Martina hat Carusos Versteck niemals entdeckt und glaubt inzwischen fest daran, daß sich manche Katzen einfach unsichtbar machen können...

Isabella Lauer

Galerie der geschlossenen Augen

Hinter den geschlossenen Augen verbirgt sich die
wundersame Welt der Katzen.

Galerie der Katzen-Kids

Gibt es ein perfekteres Meisterwerk als die Schöpfung der Katze?
Der Mensch dagegen wird immer unvollkommen bleiben.

Galerie Katzen und Bäume

Katzen lieben Bäume, ...manchmal glaube ich sie reden mit ihnen. Sitzen sie einmal in der ach so luftigen Baumkrone und können von dort aus die Welt betrachten, fühlen sie sich endlich auch irdisch über dem Menschen stehend.

Galerie

Katzen zwischen Blumen und Gräsern

Die Katze entwickelt geradezu eine Leidenschaft für die verschiedenen Düfte von Blumen, Kräutern und Gräsern.
Sie läßt sich verzaubern und berührt die Pflanzen mit Zartheit und Leichtigkeit. Man könnte sagen, sie schmust mit ihnen ... und verspürt dabei eine unbeschreibliche Glückseligkeit.

Galerie der verspielten Katzen

Versucht man sich in der Gegenwart der Katze an die Arbeit zu machen,
so plant man am besten gleich eine Co-Produktion.

Katzen sind die klügsten, weisesten und besonnensten Tiere, mit denen man zusammenleben kann. Es gibt aber auch Ausnahmen und eine solche war Helmut. Der kleine kohlrabenschwarze Kater war nach politischem Vorbild benannt worden, doch das war eindeutig ein Fehlgriff: Mangels jeglicher Diplomatie und vorsichtigem Taktieren hatte der kleine Haudrauf wenig mit Politikern gemein und sich im Gegenteil sehr schnell den Ruf eines Dorftrottels eingehandelt, ein Ruf der ja Politikern eher selten anhaftet. Helmut griff gefährliche Hunde an, die vor Überraschung das Zubeißen vergaßen. Helmut fiel in Schwimmbäder. Helmut mußte von hohen Bäumen gerettet werden. Helmut blieb tagelang in einem Nachbarkeller eingesperrt. Helmut spazierte über heiße Herdplatten und schlief mit Begeisterung in der warmen Waschmaschinentrommel. Sein Frauchen Britta hatte schrecklich viel Aufregung mit dem kleinen Kater.

Eines sonnigen Herbststages nun, sah Britta ihn draußen unter dem Nußbaum hinter Blättern herjagen. Sie selbst stand mit dem Telefon in der Hand im Wohnzimmer, hörte sich zum hundertsten Mal an, was der Mann ihrer Freundin für ein Nichtsnutz wäre, und sah zur Verandatüre hinaus. Ihre Gedanken hatte sie bei Helmut, der nun seine wilden Sprünge in das zusammengerechte Laub aufgab und begann, den Nußbaum hinaufzuklettern. Dort oben ernteten zwei Eichhörnchen die letzten Nüsse in den entlegensten Zweigen. Seinem Frauchen schwante bereits Übles. Helmut hatte sich auf eines der Eichhörnchen kapriziert und meinte wohl, sich unauffällig anzuschleichen.

«Das geht nicht gut aus mit dem!», sagte Britta laut, aber zu sich. Die Freundin am Telefon bestätigte das vehement. Das Hörnchen aber blieb solange an seinem Zweig, bis es sich mit einem weiten Sprung auf das Dach des Gartenhäuschens rettete. Helmut sofort draufgängerisch hinterher, doch war der Zweig nicht stabil genug für den kräftigen Absprung einer Katze. So landete Helmut im Komposthaufen, der neben dem Gartenhäuschen aufgetürmt war. Sein Frauchen sah ihn hineinplumpsen und gleich darauf wieder mit altem Kaffeesatz verschmiert herauskommen.

«Oh, was für ein kleines Schwein», lachte Britta. Die Freundin empört: «Kleines Schwein? Großes! Und lustig finde ich das gar nicht!»

«Ich aber doch. Und der ganze Schwanz voller alter Geranienblüten!»

«WAS? Wovon redest Du?»

«Von Helmut!»

«Aber er heißt doch Gerhard!»

«Ja, entschuldige!»

«Hast Du getrunken?», fragte die Freundin, als Britta sich vor Lachen nicht mehr einkriegte, die Verandatüre öffnete, um ihren Kaffeesatz-Helden hereinzulassen. Heute lohnte sich das Bürsten doppelt!

Isabella Lauer

Galerie der Charakterköpfe

Die Katze wird sich Ihre Seele zu eigen machen
und alles andere auch.
Sie wird Ihnen dafür Liebe, Zärtlichkeit und Treue schenken.

Galerie der einsamen Katzen

Einsame Katzen sind traurige Katzen.
Ein Mensch, der mit einer Katze zusammenlebt, wird niemals Einsamkeit erfahren, denn SIE ist allgegenwärtig.

«Katzen» Galerie

Kein Mensch versteht es so wie die Katze, allein zu sein.
Es ist ein unbeschreiblich herrliches Gefühl mit Katzen zusammen zu leben und von kätzischen Schwingungen umgeben zu sein.
Katzen sind stets bemüht die Gegenwart einzufangen und versuchen uns dies zu lehren.

Galerie der Halbstarken

Wenn Sie sich entschließen mit so einem kleinen Energiebündel zusammenzuleben, so müssen Sie wissen, daß ab sofort nichts mehr so sein wird wie es früher war ...

Doch ob halb oder ganz stark, sie ist in jeder Situation hinreißend.

Nehmen Sie zwei Katzen auf, ist die Faszination doppelt so groß für Mensch und Miez'.

Kennen Sie Eric den Roten, den wagemutigen Haudegen, den schrecklichen Wikinger aus dem elften Jahrhundert? Nein? Aber wir Maine-Coon-Katzen kennen ihn! Und er kennt uns. Denn mit ihm zusammen sind unsere Vorfahren vor so langer Zeit nach Amerika ausgewandert. Das heißt, eigentlich sind nur WIR ausgewandert, Eric ist mit seinen Mannen wieder zurück ins Nordland Europas gefahren. Oh, was war der böse, daß ihm seine Mäusefänger desertiert sind! Aber wir, das heißt meine Vorfahren, hatten von der Seefahrt erst einmal genug. Tagelang sind wir mit den Wikingerbooten über die rauhe See gefahren, mußten uns unsere tägliche Maus selbst fangen und vor den betrunkenen Burschen in acht nehmen! Kein Wunder, daß meine Vorfahren meuterten und sich, sobald sie konnten, von Bord schlichen!

Aber einfach war das Leben in diesem Land nicht! Beinhart fror der Boden im Winter, heiß und schwül waren die Sommer! Und es geht die Legende, daß wir 1700 Jahre lang ganz auf uns allein gestellt dort überlebt haben sollen. Diese Sümpfe in dem Land, das heute Maine heißt, waren wahnsinnig gefährlich und Wälder, so undurchdringlich, daß nur wir Katzen hindurchkamen, hielten die Männer davon ab, ins Hinterland vorzudringen. So entdeckten nur wir Katzen dieses Land voller Wildnis, Seen und Meeresbuchten.

Ja, das sind tolle Geschichten, die da seit Jahrhunderten von Katz' zu Katz' weitererzählt werden. Dann gab's auch noch einen Capt'n Coon, der mit langhaarigen Katern an der Küste entlangfuhr und mit ihnen die Weiblichkeit in Aufruhr gebracht haben soll. Und sogar die französische Königin Marie Antoinette soll edle Katzen nach Nordamerika geschicht haben, die sich in uns Einheimische gemischt haben. Wir Yankee-Katzen und königliches Blut? In Amerika ist eben alles möglich! Sogar, daß noch immer einige von uns im Sommer wie im Winter wild in den Wäldern leben!

Was habe ICH es doch gut, hier bei meinem Frauchen, das für mich sorgt! Sie läßt mich auf ihrer warmen Kaminbank schlafen, kämmt mich ausgiebig, vertreibt mir die Langeweile mit lustigen Späßen, füttert mir das beste Futter, verwöhnt mich mit Vitaminflocken und Katzengras auf der Fensterbank. Und wenn ich dort so liege, dann sehe ich den Schneeflocken zu und träume davon, ihnen hinterherzujagen, sie zu fangen und auf der Zunge zergehen zu lassen. Aber es bleibt ein Traum - zu kalt ist mir dies Vergnügen! Und wenn sie so fallen und fallen und fallen, dann werde ich immer müder und müder und müder. Winter und Schlaf - was paßt wohl besser zusammen als diese beiden?

Wenn das meine Ahnen geahnt hätten, wie gut es uns Waldkatzen einmal gehen wird! Wenn sie wüßten, wie schön das Leben sein kann! Wenn sie doch nur einmal in ihrem Leben gefühlt hätten, wie weich eine Daunendecke im Satinbezug ist! Wenn sie sich nur einmal über einen herrlich zubreiteten Napf mit den frischesten Zutaten hermachen hätten dürfen! Und alles, was wir als Gegenleistung geben, ist Liebe! Weil die Menschen das genauso brauchen wie wir.

Isabella Lauer

Galerie der luxuriösen Geschöpfe

Die Katze liebt den Luxus, deshalb findet man sie immer zwischen den kostbarsten Dingen im Haus.
Inmitten der alten Puppensammlung, oder der Silberschalen,
auf dem teuersten Lexikon,
über dem Kamin, zwischen den kostbarsten Gläsern.
Sie nähert sich all diesen Gegenständen so vorsichtig, als wenn sie gar nicht da wäre.
Sie liebkost die Kostbarkeiten, ohne sie zu zerstören.

98

Galerie der schlummernden Katzen

Gibt es etwas schöneres, als mit seiner Katze zu faulenzen?
Am Ende wirst Du sie fragen, wieviele Tage in unserem Leben haben wir gemeinsam verträumt?

Galerie der häßlichen Entlein

Noch nie habe ich eine häßliche Katze gesehen,
nur Ausgesetzte, Vergessene, Verwahrloste, Einsame und Nichtgewollte.
Sie alle sind schön, wenn nur der Mensch die Hand nach ihnen ausstreckt.

Galerie der Genießer

Die Katze ist ein ausgesprochenes Leckermäulchen.
Nach jeder Mahlzeit liebt sie es sich zu pflegen mit dem anspruchsvollen
Gehabe einer Primadonna.

118

Galerie der gähnenden Schnäuzchen

Fängt die Katze zu gähnen an, wird der Mensch müde.

122

Samtpfoten im Rampenlicht

Marianne Sock/
Martina Czolgoszewski
Naschkatzen
144 S., 75 Farbabb., geb. mit Schutzumschlag
Bestell-Nr. **41227**

Hans W. Silvester
Katzen unter südlicher Sonne
144 S., 137 Farbabb.,
geb. mit Schutzumschlag
Bestell-Nr. **41183**

Peter Andreas/
Ingrid Strohschneider-Kohrs
Katzen – Spiel und Geheimnis
Ein literarischer Bildband
128 S., 107 sw-Abb.,
geb., im Schmuckschuber
Bestell-Nr. **41214**